# HOTEL DROUOT — SALLE N° 8

*Vente du Vendredi 9 Décembre 1910*

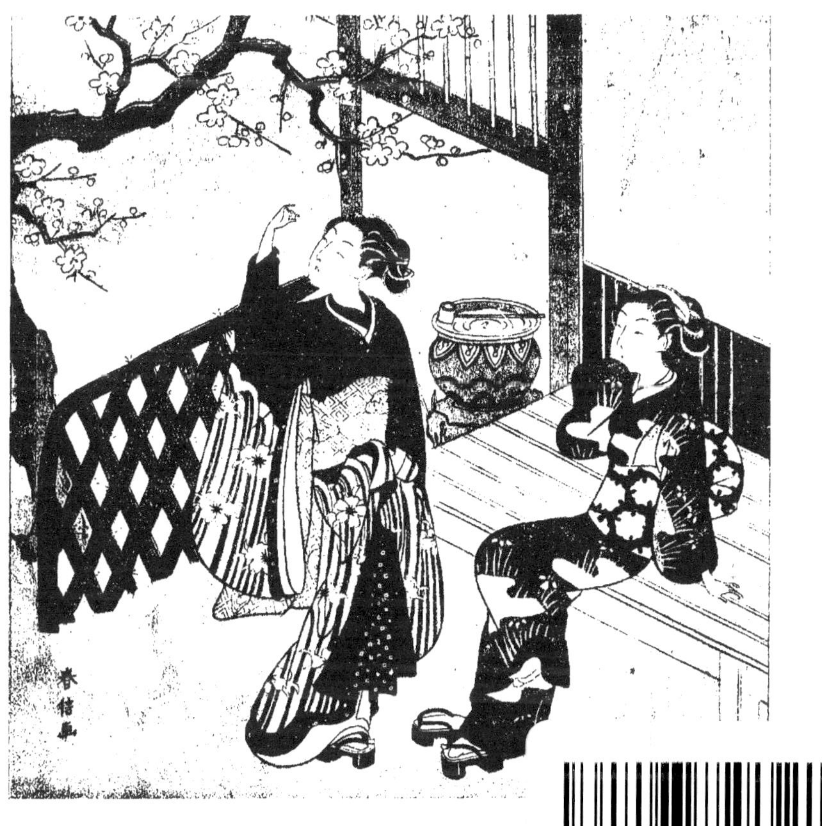

N° 30 du Catalogue.

# JAPON

<table>
<tr><td>M° FLAGEL</td><td>M. ANDRÉ PORTIER</td></tr>
<tr><td>20, Boulevard Poissonnière</td><td>24, Rue Chauchat</td></tr>
</table>

FRAZIER-SOYE

GRAVEUR-IMPRIMEUR

153-157, RUE MONTMARTRE

PARIS

# Estampes

## DESSINS — LIVRES ILLUSTRÉS

## GARDES DE SABRES

### du

# JAPON

❖ ❖ ❖

dont la vente aura lieu

## Le Vendredi 9 Décembre 1910

*à 2 heures*

HOTEL DROUOT, SALLE Nº 8

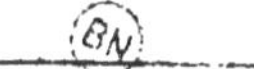

| Commissaire-Priseur | | Expert |
|---|---|---|
| Mᵉ FLAGEL | | M. ANDRÉ PORTIER |
| 20, Boulevard Poissonnière | | 24, Rue Chauchat |

CHEZ LESQUELS SE DISTRIBUE LE PRÉSENT CATALOGUE

## EXPOSITION PUBLIQUE

Hôtel Drouot, Salle nº 8

*Le Jeudi 8 Décembre 1910, de 2 heures à 6 heures*

# CONDITIONS DE LA VENTE

Elle sera faite expressément au comptant.

Les acquéreurs paieront *dix pour cent* en sus des enchères.

L'Exposition mettant le public à même de se rendre compte de l'état des objets à vendre, il ne sera admis aucune réclamation, l'adjudication prononcée.

# ESTAMPES JAPONAISES

---

### TORI-I KYONOBOU

(1664-1729)

1. Couple sous une glycine, la femme debout s'efforçant à poser un chapeau sur la tête de l'homme, assis sur un banc (form. hosoye.).

### TORI-I KYOMASSOU

(1679-1762)

2. Sur la terrasse d'une habitation, au bord du lac, la poetesse assise devant sa table à écrire, rêve, les yeux perdus dans le lointain (form. étroit larg.).

### NISHIMURA SHIGÉNAGA

3. Groupe sous un érable, la fillette jouant au volant (form. haut.).

4. Jeune femme endormie, se voyant en rêve, passer à cheval, entourée de serviteurs, en vue du Fuji. (form. nagaye).

5. Réunion de jeunes femmes richement vêtues, sur une terrasse (form. haut.).

6. Sous une verandah, une jeune femme se coiffant, entourée de deux amies (form. haut.).

6^bis. Choki en sentinelle (form. hachirakaki).

### SOUZOUKI HAROUNOBOU

(1703-1770)

7. Jeune fille élégament vêtue, soulevant une portière et tendant à la pluie une branche de " Yamabouki (petit form. haut.).

8. Jeune fille richement vêtue, portant une jonque minuscule suivie par un serviteur portant un large parasol (petit form. haut.).

9. Sur la terrasse au bord de la mer une jeune femme et sa servante contemplent le vol des mouettes au soleil couchant (petit form. haut.).

10. Devant une haie de pêchers en fleurs, deux jeunes femmes accompagnées d'un petit serviteur s'arrêtent pour allumer leurs pipettes. (petit form. haut.).

11. Deux jeunes fillettes devant un store, regardant un vieux tronc d'arbre, l'une d'elles frappant sur un taïko (petit form. haut.).

12. Devant une baie s'ouvrant sur la campagne neigeuse, deux jeunes femmes sont plongées dans la lecture d'une longue lettre (petit form. haut.).

13. Jeune femme et sa fillette passant, la nuit, devant une maison de thé brillament éclairée (petit form. haut.).

14. Jeune Samouraï à cheval, accompagné d'un serviteur portant un haut parasol (petit form. haut.).

15. Jeune femme devant un store jouant avec un jeune chat mordillant une ficelle (petit form. haut.).

16. Debout, auprès de la cascade, une jeune femme le bras étendu, présente une coupe à sake (petit form. haut.).

17. Samouraï, les deux sabres au côté, se hâtant, accompagné d'une servante qui tient un parasol. (petit form. haut.).

18. Deux jeunes femmes et un ami, reviennent gaiement d'une promenade (petit form. haut.).

19. Devant une baie battue par la pluie, un groupe se prépare pour la cérémonie du thé (petit form. haut.).

20. Jeune tisseuse à son métier, fort occupée à lancer sa navette, les pieds prêts à lever les fils (petit form. haut.).

21. Accroupi devant la moustiquaire entr'ouverte, un jeune couple se dispute une coupe de saké. (petit form. larg.).

22. Un jeune homme mi-enfoui sous les couvertures
 s'apprête à fumer une délicieuse pipette, que
 lui allume sa compagne accroupie à ses cotés
 (petit form. larg.)

23. La pipette allumée, la jeune femme vient retrou-
 ver son compagon sous les couvertures (petit
 form. larg.).

24. Tout est bien qui finit bien (petit form. larg.).

25. Mais tout ne finit pas bien; la pipette venge
 l'honneur de l'épouse (petit form. larg.),

26. Même sujet que la précédente (petit form. larg.).

27. Le dévouement facile (petit form. larg.)

28. Trente cinq planches composant le livre intitulé
 " Occupations des Femmes " (petit form.).

29. Jeune femme rasant la nuque d'une jeune fille
 agenouillée, la tête penchée (petit form.).

30. Peinture sur soie par Harounobou, représentant
 deux jeunes filles sur une terrasse à l'ombre
 d'un pêcher en fleurs. Jolie pièce d'une grande
 harmonie de couleurs (petit form. haut.).

## ISODA KORIUSAÏ

### (1720-1782)

31. Jeune couple sous un saule au bord de l'eau, la
 jeune femme accroupie pêchant et causant à son
 ami, debout derrière elle (petit form. haut.).

32. Une jeune femme agenouillée devant sa biwa
 charme son compagnon, assis près d'elle (petit
 form. haut.).

33. Trois jeunes femmes devant une table à écrire
 (petit form. haut.).

34. Jeune femme tendant un linge sur une hampe,
 aidée par un garçonnet (petit form. haut.).

35. Jeune femme aidant sa compagne à passer un
 kimono. Elle est elle-même vêtue d'une robe
 richement décorée de paons, les ailes etendues
 (grand form. haut.).

## IPPIKUSAI BOUNTSHO

### (vers 1764-1796)

36. Beniye représentant un acteur portant une décoration de jardinière (form. hosoye).

37. Autre beniye formant dyptique avec le précédent représentant le même acteur dans une autre pose (form. hosoye).

38. Dyptique représentant deux acteurs déroulant un makimono, l'un deux serrant un sabre dans ses deux mains (form. hosoye).

39. Acteur vêtu d'une robe noire, semblant repousser une vision effrayante (form. hosoye).

## TORI-I KIYONAGA

### (1752-1814)

40. Deux jeunes femmes sur une terrasse regardant le mirage de la lune dans une fontaine (petit form. haut.).

## SHOUNSHO

### (XVIIIᵉ siècle)

41. Jeune enfant richement vêtu se promenant devant une cascade, un pinceau à la main (form. nagaye).

42. Acteur vêtu d'une robe décorée de feuilles d'érable, portant une hotte et un grand chapeau (form. hosoye).

43. Scène provenant de l'ouvrage « Ise monogatori dzou-ye », roman des faits historiques du Prince Nari-Hira, par Ise, courtisane célèbre en littérature (page d'album).

44. Autre feuille du même ouvrage (page d'album).

## KATSUKAVA SHOUNCHO

### (XVIIIᵉ siècle)

45. Au temps des cerisiers en fleurs, trois jeunes femmes et une fillette se promènent dans la campagne (grand form. haut.).

46. Un groupe richement vêtu se rend à la promenade (grand form. haut.).

47. Promenade de courtisanes portant de larges ceintures richement décorées (grand form. haut.).

## OUTAGAVA TOYOHIRO

### (1773-1828)

45 *bis*. Jolie branche de chrysanthème fleuris, dans une jardinière (petit form. carré).

46 *bis*. Autre branche de chrysanthèmes dans un vase (petit form. carré).

47 *bis*. Petit paysage enfoui sous la neige au bord de l'eau (petit form. larg.).

## OUTAGAVA TOYOKOUNI

### (1768-1825)

48. Deux jeunes femmes et une fillette s'amusant de la danse d'un petit singe (grand form. haut.).

## KITAGAVA OUTAMARO

49. Buste de courtisane vêtue d'une robe brique (grand form. haut.).

50. Scène maternelle (grand form. haut.).

51. Promenade de courtisanes (grand form. haut.).

52. Promenade au bord du lac où nagent des canards (grand form. haut).

53. Scène de lutte des Ronins (grand form. haut.).

54. Jeune homme apportant une coupe de saké à sa compagne (grand form. haut.).

55. Jeune femme aidant son amie à mettre son kimono (grand form. haut.).

56. Jeunes filles se disputant à qui portera la tasse de thé au jeune prince (grand form. haut.).

57. Jeune femme devant son miroir, se coiffant, assistée d'une amie et d'un jeune garçon (grand form. haut.).

58. Jeune couple causant (grand form. haut).

59. Deux jeunes femmes, l'une ayant interrompu sa coiffure, lisent une lettre (grand form. haut.).

60. Deux courtisanes en promenade (grand form. haut.).

61. Scène des Ronins. — Une jeune femme, le kimono largement entr'ouvert s'évente; son compagnon, demi-nu, est fort occupé à la lecture d'une longue lettre (grand form. haut.).

62. Deux jeunes femmes faisant la toilette d'une petite cage (grand form. haut.).

63. Deux jeunes femme en promenade, l'une se voilant la face avec sa gaze (grand form. haut.).

64. Deux jeunes femmes préparant un bouquet de beaux iris (grand form. haut.).

65. Buste de courtisane en kimono noir (grand form. haut.).

66. Jeune garçon dans les bras de sa mère, tendant les bras à un jouet que lui tend une amie (form. nagaye).

## CHOBUNSAÏ YEISHI

### (Vers 1780-1805)

67. Jeune femme lisant une lettre. A côté d'elle un vase joliment fleuri (petit form. haut.).

68. Réunion de jolies femmes auprès de la fontaine (grand form. haut.).

68 bis. Jeune femme coupant des branchages, assistée d'un jeune garçon. — Fond poudré d'or (grand form. haut.).

69. Deux jeunes femmes dont l'une sous sa vérandah lisent une lettre (form. nagaye).

70. Des jeunes femmes passant dans un bateau fleuri, sont distraites par la vue d'un autre bateau à l'extrémité duquel est juché un petit singe (dyptique).

## KATSUCHIKA HOKOUSAI

### (1760-1840)

71. « Settsu Gekka » — Les trois amis du Poète — Les fleurs de cerisiers (form. larg.).

72. Même planche (form. larg.).

73. " Go hyaku Rakan ji Sazaido " — Le Fouji, vu de
la Pagode des Cinq Cents Rakkans à Yedo. Des
hommes et des femmes appuyés sur la balustrade
contemplent le lever du soleil sur le pic neigeux
(form. larg.).

74. Série des Cents poèmes — La rentrée des récoltes
(form. larg.).

### SCHIKA SHA-SHIN-KYO

75. Haroumachi no Tsouraki - Le poète traverse un
pont jeté sur le cours d'un torrent, au pied de
hautes montagnes, dont les cimes recueillent
les derniers rayons du soleil couchant (gr. form.
haut.).

### MÊME SÉRIE

76. Seishonagon. Un prince chinois fuyant ses enne-
mis arrive la nuit devant une barrière qui ne
s'ouvre qu'à la première lueur du jour. Le temps
presse, l'un de ses serviteurs grimpe sur un arbre
et imite le chant du coq. A ce signal tous les
coqs des environs se mettent à chanter et les
gardes trompés laissent le passage libre à la
petite troupe. (gr. form. haut.).

77. Deux servantes accompagnent un homme portant une fillette richement vêtue sur son dos
(gr. form. haut.).

78. Trois jeunes et gros garçons en taquinant un qua-
trième (petit form.).

79. Cavaliers, masqués derrière un arbre, regardant
dans la plaine deux guerriers se poursuivant
sabre au poing (Sourimono.).

80. Feuille et fleur de nénuphar sur lesquelles est
posée une sauterelle (Sourimono.).

81. Branche fleurie sur laquelle se repose une li-
bellule. (Sourimono.).

82. Uu lot de 5 jolis sourimonos

83. Un lot de 8 jolis sourimonos.

83 bis. Deux beaux sourimonos.

# ITCHIRYUSAÏ HIROSHIGE
## (1796-1858)

84. Le temple au bord du lac (form. larg.).

85. Pénible rentrée au logis (deux estampes.).

86. Groupe devant un bois (form. larg.).

87. Paysage sous la neige, des jeunes femmes descendant de bateau (form. larg.).

88. Samuraï menaçant un homme à genoux (form. larg.).

89. Vue de temple, le lac dans le lointain (form. larg.).

90. Le passage du gué (form. larg.).

91. Deux voyageuses et leur porteur passant au pied de hautes montagnes (form. larg.).

92. Le temple dans les lagunes. (form, larg.).

93. L'étroite route dans le bois (form. larg.).

94. Groupe sous un tori-i regardant le coucher du du soleil sur le village (form. larg.).

95. Maison de thé dans la montagne (form. larg.)

96. Rentrée des barques (form. larg.).

97. Trois estampes. Vues de paysages (form. larg.).

98. Trois estampes. Scènes de pique-niques. (form. larg.).

99. Trois estampes. Cortèges divers (form. larg.).

100. Trois estampes Scène de théâtre. Déchargement de barques. Porteuses de fagots (form. larg.).

101. La halle aux poissons (form. larg.).

102. Discussion politique (form. larg.).

103. Le marché en plein vent (form. larg.).

104. Scène de la rue (form. larg.).

105. Lot de 13 pièces représentant des paysages divers (form. haut.).

106. Une planche de la série des Poissons (form. larg.).

107. Une planche de la série des vues du Lac Biwa (form. larg.).

108. Même série. (Très belle épreuve). Les barques (form. larg.).

109. Les deux jonques, au soir (form. larg.)

110. Dans les rizières (form. larg.).

111. Deux planches du petit Tokaido (petit form. larg.).

112. Le coq sous les capucines (form. étr. haut.).

113. Deux mésanges sur une branche de pivoine (form. étr. haut.).

114. Oiseaux sur une branche d'églantine fleurie (form. étr. haut.).

115. Petite mésange sur une branche de pruniers en fleurs (form. étr. haut.).

116. Oiseau passant devant le halo de la lune (petit form. carré.).

117. La route encaissée (form. étr. haut.).

118. Groupes pique-niquant sur la plage (gr. sourimono. larg.).

119. Vautour perché sur un tronc de pin, chargé de neige (form. Nagaye).

120. Grand paysage couvert de neige, au lever du soleil (Tryptique.).

121, Joli oiseau de paradis délicatement nuancé (gr. form. larg.).

## RIOKOUSANTAÏ

122. Le dieu des Pêcheurs, Yebisou, ramenant une grosse carpe (Nagaye.).

## SHI-LAN ?

123. Groupe de grues au pied d'un pin, au bord de l'eau (Sourimono.).

124. Jeune enfant distribuant des graines à un ibis qu'accompagne un dieu mendiant (Sourimono.).

125. Lot de neuf originaux d'études sur les oiseaux, entre'autres un grand faisan doré (gr. form. larg.).

## LIVRES ILLUSTRÉS

126. Un volume d'affiches de théâtres.

127. Trois volumes divers.

## KAKEMONO

128. Kakemono sur soie représentant un coq sous un pin.

129. Divinité, un spectre à la main, assise sur un shishi traversant les flots.

130. Deux singes en train de manger des fruits.

131. Cerf se détachant en blanc sur le tronc d'un pin traité à l'encre de chine.

132. Makimono décoré de personnages, de fleurs et d'animaux.

## GARDES DE SABRES

### Gardes en fer plein

133. Garde circulaire en fer, repercée de deux fleurs de cerisiers.

134. Garde circulaire en fer, à bord lobé, finement repercée de motifs circulaire, *style d'Odavara*.

135. Garde circulaire en fer, largement repercée en losange ajouré, *stye de Tashinaga*.

136. Garde circulaire en fer, très ajourée, *style de Tashinaga*

137. Garde circulaire en fer, décorée de fleurs de cerisiers finement découpées, *style d'Hogo*.

138. Garde circulaire en fer, formant quatre grands lobes, dont les extrémités recourbées se rejoignent en cœur.

139. Garde circulaire en fer, élégamment ajourée de longues lignes sinueuses, *style d'Odavara*.

140. Garde circulaire en fer, ajourée en forme de barque, *style d'Hogo*.

141. Garde circulaire en fer, repercée de fleurs de cerisiers et d'éclairs.

142. Garde circulaire en fer, décorée de motifs géométriques.

143. Deux gardes circulaires en fer, entièrement ajourées.

144. Trois gardes circulaires en fer, décorées de motifs dentelés.

145. Garde circulaire en fer, repercée d'une feuille de mauve et de flèches.

146. Garde circulaire en fer, ajourée d'un décor finement dentelé, *style de Yoshimitsou*.

147. Garde circulaire en fer, repercée de branchages, *style de Yoshimasa*.

148. Garde circulaire, en shibuichi, ajourée de gracieuses courbes encadrant un motif en forme de 3, *Yoshimitsou*.

149. Garde circulaire en fer, décorée d'une cigogne repercée.

150. Garde circulaire en fer, percée de deux jolis motifs de feuilles à nervures dentelées, *Yoshimasa*.

151. Petite garde circulaire en fer, décorée également d'un motif en forme de 3, *style de Yoshiro*.

152. Garde circulaire en fer, repercée de trois motifs de feuille.

153. Garde circulaire en fer, décorée de jolis motifs de rinceaux, *style de Yoshimasa*.

154. Trois gardes circulaires en fer, découpées de multiples rayons en pétales de chrysanthèmes.

155. Garde circulaire en fer, décorée de deux animaux affrontés en forme de sauterelles, *style de Kinaï*.

156. Garde circulaire en fer, repercée de branchages ciselés.

157. Garde circulaire en fer, quadrilobée et martelée, avec décors de caractères anciens.

158. Garde circulaire en fer, similaire à la précédente.

159. Garde en forme de losange à côtés multilobés représentant les vagues de la mer.

160. Garde en shibuichi, formée de quatre ornements
en têtes de champignons, martelés et décorés de
caractères primitifs.

161. Petite garde circulaire en fer, formée d'une feuille
enroulée.

162. Analogue à la précédente.

163. Garde trilobée du même décor que les précédentes.

164. Jolie garde formée d'un chrysanthème flétri, les
pétales retombantes.

165. Garde en fer ajouré de fleurs et de branches de
cerisiers, *style d'Hogo*.

166. Petite garde finement modelée, décorée de deux
cosses de haricots.

167. Jolie garde représentant un écureuil perché sur un
fruit — Jolie patine.

168. Garde circulaire en shibuichi, formée d'un tronc
de bambou recourbé.

169. Garde ovale ciselée d'un vol de grues, *Yedo*.

170. Garde ovale ciselée comme la précédente, *Yedo*.

171. Garde circulaire finement ciselée d'un jeté de
branchage de bambous, *Kioto*.

172. Garde quadrilobée, décorée d'une branche de
mauves.

172 *bis*. Gardes ronde finement ciselée d'un petit motif
de fleurettes, *Kioto*.

### Gardes à rehauts métalliques

173. Garde légèrement ovale, décorée de chrysanthèmes à rehauts d'or, *style d'Oumetada*.

174. Garde circulaire, à bords lobés irrégulièrement,
décorés de branches fleuries et de grappes, *style
de Nagato*.

175. Deux petites gardes, l'une circulaire, l'autre quadrilobée, finement ciselée de nombreux rayons
formant soleil.

176. Deux gardes, l'une ronde, l'autre quadrilobée,
toutes deux martelées et décorées en rehauts
métalliques de crabes, coquillages.

177. Garde circulaire à bords amincis, décorée de deux shishi jouant auprès d'une cascade.

178. Garde circulaire décorée en relief d'or de feuillages, *Kioto*.

179. Garde circulaire ajourée d'un losange, niellures d'or et d'argent.

180. Trois gardes, carrée, ronde et quadrilobée décorées de feuillages et d'insectes.

181. Deux gardes, l'une ronde, l'autre quadrilobée, décorées en rehauts d'or, d'argent et de cuivre, de bambous et d'araignées.

182. Garde carrée, à coins arrondis, décorée en hauts relief de cuivre d'un melon, vers lequel se dirige un papillon, *Kioto*.

183. Petite garde quadrilobée, à bords natés, décorée de fins bouquets de pâquerettes, *Kioto*.

184. Garde allongée, décore de deux mille-pattes affrontés.

185. Garde allongée, décorée de fleurs de cerisiers dans le courant.

186. Garde quadrilobée, décorée de rinceaux fleuris incrustés.

187. Garde quadrilobée, incrustée d'un fin semis de feuilles et repercée de 6 ronds où sont placés des motifs de feuilles.

188. Garde circulaire, similaire à la précédente, portant en réserve les deux " mon " de la famille Matsudaira et celui des Arima.

189. Garde circulaire, entièrement damasquinée : hexagones décorés de fonds divers. Jolie pièce.

190. Belle garde ronde, décorée d'un fin semis de fleurs et de feuilles (très jolie pièce ayant quelques manques).

191. Petite garde décorée de fils de cuivre traversant la garde.

## OBJETS D'ART

192. **Vase** à panse surbaissée, portant trois arrêtes en saillie, décoré à la panse et au col de palmes cloisonnées sur fond turquoise.

193. **Brûle-parfum** cloisonné en forme de faisan, debout sur un tertre, une patte levée.

194. **Crabe** articulé (manque une pince).

195. **Crabe** articulé, portant un petit sur le dos, qui forme encrier. Jolie pièce signée.

196. **Joli tambour** (taiko) en laque, décoré en laque d'or d'un grand ibis et d'une tortue marine. Le tambour est accompagné de son support et de ses baguettes.

197. **Grand Fouksa encadré**, joliment brodé d'or, représentant le soleil se levant derrière le Fuji. Les pêcheurs profitent des premières lueurs du jour et la mer est jonchée de barques. Au premier plan une habitation et quelques porteurs d'eau abrités par le tronc d'un pin gigantesque.

Imp. Frazier-Soye, 153, 157, rue Montmartre, Paris.

www.ingramcontent.com/pod-product-compliance
Lightning Source LLC
LaVergne TN
LVHW020854200726
843508LV00003B/1205